LES 100 PLUS BEAUX VERSETS DE LA BIBLE

VERSION COMMENTÉE

GABRIEL DANIEL ROCHER

DP ÉDITIONS

TABLE DES MATIÈRES

PRÉFACE

« *Car la parole de Dieu est vivante et efficace, plus tranchante qu'une épée quelconque à deux tranchants, pénétrante jusqu'à partager âme et esprit, jointures et moelles ; elle juge les sentiments et les pensées du cœur.* »

— HÉBREUX 4:12

Dans l'épître aux Hébreux, l'un des livres du Nouveau Testament, il est écrit avec justesse que « la parole de Dieu est vivante et efficace » (Hébreux 4:12). La Bible, en tant que Parole de Dieu, est ainsi considérée comme étant porteuse d'une puissance spirituelle capable de transformer les cœurs et les esprits de ceux qui la lisent ou la méditent. Elle est « efficace » en ce sens qu'elle possède une influence réelle sur la vie de celles et ceux qui la lisent avec attention. Ses enseignements guident les fidèles sur le chemin de la vérité et de la spiritualité, et la parole qu'elle délivre, « plus tranchante qu'une épée quelconque à deux tranchants », pénètre profondément dans l'être intérieur de l'homme. C'est ainsi que la Bible touche les cœurs et illuminent les esprits.

Dans cet ouvrage, nous vous invitons à un voyage fascinant à travers les pages de la Bible pour découvrir les richesses qu'elle renferme, tant sur le plan littéraire que sur les plans spirituel et philosophique. « *Les 100 Plus Beaux Versets de la Bible* » est une sélection, classée par thèmes, de paroles qui ont résisté à l'épreuve du temps et qui continuent de briller avec éclat dans les cœurs de ceux qui les lisent. Chacun des versets choisis offre ainsi une réflexion unique sur l'amour, la foi, la justice, ou bien encore le pardon et la vie après la mort. Que vous soyez un lecteur assidu des Écritures ou que vous découvriez la Bible pour la première fois, nous espérons que ce livre éveillera votre curiosité et enrichira votre compréhension de ces paroles sacrées à l'aide de commentaires que nous avons voulus clairs et concis, accessibles au plus grand nombre.

Nous espérons que cette exploration des écrits bibliques vous apporte inspiration et émerveillement, et qu'elle vous rappelle la force durable des mots qui résonnent dans le cœur de l'humanité depuis des millénaires.

G.D.R - 2023

Les passages cités dans cet ouvrage sont issus de la Bible Louis Segond qui offre une traduction largement diffusée dans les pays francophones. Elle est réputée pour sa fidélité au texte original en hébreu et en grec.

LE PARDON

« *Soyez bons les uns envers les autres, compatissants, vous pardonnant réciproquement, comme Dieu vous a pardonné en Christ.* »

— ÉPHÉSIENS 4:32

« Supportez-vous les uns les autres, et, si l'un a sujet de se plaindre de l'autre, pardonnez-vous réciproquement. De même que Christ vous a pardonné, pardonnez-vous aussi. »

— COLOSSIENS 3:13

« Si vous pardonnez aux hommes leurs offenses, votre Père céleste vous pardonnera aussi ; mais si vous ne pardonnez pas aux hommes, votre Père ne vous pardonnera pas non plus vos offenses. »

— MATTHIEU 6:14-15

« Repentez-vous donc et convertissez-vous, pour que vos péchés soient effacés, afin que des temps de rafraîchissement viennent de la part du Seigneur. »

— ACTES 3:19

« Et lorsque vous êtes debout faisant votre prière, si vous avez quelque chose contre quelqu'un, pardonnez, afin que votre Père qui est dans les cieux vous pardonne aussi vos offenses. »

— MARC 11:25

« Mais toi, Seigneur, tu es un
Dieu compatissant et mi-
séricordieux, lent à la
colère, riche en bonté et
en fidélité, pardonnant
l'iniquité et la rébellion,
mais qui ne tient pas le
coupable pour innocent ;
qui punis l'iniquité des
pères sur les enfants jusqu'à la troisième et la
quatrième génération ! »

— NOMBRES 14:18

« Que le méchant abandonne
sa voie, et l'homme d'iniquité ses pensées ; qu'il
retourne à l'Éternel, qui
aura pitié de lui, à notre
Dieu, qui ne se lasse pas
de pardonner. »

—ÉSAÏE 55:7

« *Et si ton frère a péché
contre toi, va et reprends-
le seul à seul ; s'il t'écoute,
tu as gagné ton frère.* »

— MATTHIEU 18:15

« *Si ton frère a péché, re-
prends-le ; et, s'il se repent, pardonne-lui. Et
s'il a péché contre toi sept
fois dans un jour et que
sept fois il revienne à toi,
disant : Je me repens,* —
tu lui pardonneras. »

— LUC 17:3-4

> *« Mais je vous dis, à vous qui*
> *m'écoutez : Aimez vos*
> *ennemis, faites du bien à*
> *ceux qui vous haïssent,*
> *bénissez ceux qui vous*
> *maudissent, priez pour*
> *ceux qui vous*
> *maltraitent. »*

> — LUC 6:27-28

Dans la Bible, la question du pardon tient une place très importante. Savoir accorder son pardon est l'une des attitudes les plus valorisées pour tout bon chrétien. « Soyez bons les uns envers les autres, compatissants, vous pardonnant réciproquement » peut-on lire dans l'épître de Paul aux Éphésiens (4:32). Paul encourage ici les croyants à être bienveillants, aimables et généreux dans leurs interactions les uns avec les autres. Il faut aussi ressentir de la compassion à leur égard, en étant par exemple sensible à leurs souffrances, et être toujours enclin à leur accorder le pardon, même lorsque votre propre frère a péché contre vous (Matthieu 18:15). S'il se repent, vous lui pardonnez (Luc 17:3-4).

Paul exhorte ainsi les croyants à se pardonner mutuellement, à laisser de côté les offenses, les griefs ou les ressentiments qu'ils pourraient avoir les uns envers les autres. Le pardon implique de renoncer à la colère, à la vengeance et à la rancune, et invite à rechercher la réconciliation. Ce comportement est conforme à celui de Dieu qui « vous a pardonné en Christ ». Par sa grâce, Dieu a pardonné les péchés des croyants à travers la mort et la résurrection de Jésus-Christ. Les croyants sont donc encouragés à imiter le pardon de Dieu envers eux en pardonnant aux autres : « De même que Christ vous a pardonné, pardonnez-vous aussi » (Colossiens 3:13). Et cette capacité à pardonner les autres, même lorsqu'ils vous font du mal — « Priez pour ceux qui vous maltraitent » (Luc 6:27-28) — est d'autant plus importante que la Bible vous met en garde. Si vous voulez recevoir le pardon de Dieu, il vous faut d'abord être prêt à pardonner aux autres : « Si vous ne pardonnez pas aux hommes, votre Père ne vous pardonnera pas non plus vos offenses » (Matthieu 6:14-15). Vous devez ainsi accorder votre pardon « afin que votre Père qui est dans les cieux vous pardonne aussi vos offenses » (Marc 11:25).

Le pardon est donc très important. Il ne signifie pas ignorer ou excuser le mal, mais plutôt renoncer à la vengeance qui n'appartient qu'à Dieu — « À moi la vengeance, à moi la rétribution, dit le Seigneur » (Romains 12:19) — laissant la justice entre les mains du Créateur « qui punit l'iniquité des pères sur les enfants jusqu'à la troisième et la quatrième génération ! » (Nombres 14:18). Le pardon permet de restaurer les relations, de favoriser la réconciliation et de vivre en harmonie les uns avec les autres.

Il est parfois difficile d'accorder son pardon, mais il est parfois tout aussi difficile, après avoir commis une faute ou une erreur, de demander pardon. Selon la Bible, le moyen de se faire pardonner repose en premier lieu sur la repentance et la confession des péchés. Pour se faire pardonner, il faut d'abord reconnaître ses fautes, les confesser et se repentir avec sincérité. « Repentez-vous donc et convertissez-vous, pour que vos péchés soient effacés » (Actes 3:19). Après avoir fauté, vous devez donc vous repentir de vos péchés et changer de direction en vous tournant vers Dieu, car « si le méchant abandonne sa voie et l'homme d'iniquité ses pensées » l'Éternel aura pitié de lui (Ésaïe 55:7). C'est la sincérité de votre attitude qui déterminera votre capacité à être pardonné(e), que ce soit par votre prochain ou Dieu lui-même.

LA SOUFFRANCE

« Il essuiera toute larme de leurs yeux, et la mort ne sera plus, et il n'y aura plus ni deuil, ni cri, ni douleur, car les premières choses ont disparu. »

— APOCALYPSE 21:4

« *Même quand je marche dans la vallée de l'ombre de la mort, je ne crains aucun mal, car tu es avec moi : ta houlette et ton bâton me rassurent.* »

— PSAUME 23:4

« *Heureux les affligés, car ils seront consolés !* »

— MATTHIEU 5:4

« *Le Seigneur est près de ceux qui ont le cœur brisé, et il sauve ceux qui ont l'esprit dans l'abattement.* »

— PSAUME 34:18

« *Il n'y aura plus de malédiction. Le trône de Dieu et*

*de l'Agneau sera dans la
ville ; ses serviteurs le ser-
viront et verront sa
face. »*

— APOCALYPSE 22:3-4

*« Car nos légères afflictions
du moment présent pro-
duisent pour nous, au-
delà de toute mesure, un
poids éternel de gloire. »*

— 2 CORINTHIENS 4:17

*« Béni soit Dieu, le Père de
notre Seigneur Jésus-
Christ, le Père des miséri-
cordes et le Dieu de toute
consolation, qui nous
console dans toutes nos
afflictions, afin que, par
la consolation dont nous*

*sommes l'objet de la part
de Dieu, nous puissions
consoler ceux qui se
trouvent dans quelque
affliction ! »*

— 2 CORINTHIENS
1:3-4

*« L'Éternel est bon, il est un
refuge au jour de la dé-
tresse ; il connaît ceux qui
se confient en lui. »*

— NAHUM 1:7

*« Venez à moi, vous tous qui
êtes fatigués et chargés, et
je vous donnerai du
repos. »*

— MATTHIEU 11:28

> *« Car je considère que les*
> *souffrances du temps pré-*
> *sent ne sont pas dignes*
> *d'être comparées avec la*
> *gloire qui va être révélée*
> *pour nous. »*

— ROMAINS 8:18

Le premier verset (Apocalypse 21:4) se trouve dans le livre de l'Apocalypse, le dernier livre du Nouveau Testament de la Bible. Il fait référence à un futur où Dieu essuiera toutes les larmes des yeux de ceux qui appartiennent à son royaume et mettra fin à toute tristesse, douleur et souffrance. Dès lors, la mort ne sera plus présente et la vie éternelle sera accordée aux croyants qui pourront accéder à un état de paix et de bonheur parfait. Dieu promet ainsi de mettre fin à la douleur et à la souffrance en offrant la vie éternelle à ceux qui croient en lui, offrant à celles et ceux qui souffrent une vision de réconfort, d'espoir et le repos parfait à celles et ceux qui sont « fatigués et chargés » (Matthieu 11:28).

Même si vous êtes dans la souffrance et que le quotidien vous est difficile à supporter, il ne faut jamais perdre espoir car la douleur finira par disparaitre, « il n'y aura plus de malédiction » (Apocalypse 22:3-4). Dieu vous consolera de toutes vos afflictions afin que par la consolation dont vous serez l'objet, vous puissiez à votre tour « consoler ceux qui se trouvent dans quelque affliction » (2 Corinthiens 1:3-4).

Par la pratique de la prière et l'entretien de votre foi, vous trouverez la force nécessaire pour surmonter les moments difficiles du présent, tout en gardant bien à l'esprit que Jésus a promis une vie éternelle dépourvue de douleur à ceux qui croient en lui, à « ceux qui se confient en lui » (Nahum 1:7).

Le célèbre psaume 23 dont est issu le

second verset est un psaume de réconfort et d'encouragement. Il nous rappelle que même lorsque vous marchez dans la vallée de la mort, métaphore désignant les périodes les plus effrayantes et douloureuses de l'existence, Dieu reste à vos côtés. Vous n'avez dès lors aucune crainte à avoir car sa houlette et son bâton vous apportent soutien, à la manière dont un berger guide et protège son troupeau.

Les croyants ne craignent donc aucun mal, aucune souffrance, puisqu'ils placent leur confiance en Dieu et savent que la douleur n'est que passagère parce que les affligés, en particulier ceux qui sont dans la détresse et la souffrance, finiront par être consolés (Matthieu 5:4) car « Le Seigneur est près de ceux qui ont le cœur brisé, et il sauve ceux qui ont l'esprit dans l'abattement » (Psaume 34:18). Ces souffrances passagères peuvent en outre les fortifier, les purifier et les préparer pour la gloire éternelle dans la présence de Dieu, ces « légères afflictions du moment présent » produisant « au-delà de toute mesure, un poids éternel de gloire » (2 Corinthiens 4:17). Les souffrances vécues dans votre vie terrestre sont donc insignifiantes et « ne sont pas dignes d'être comparées avec la gloire » qui va vous être révélée (Romains 8:18).

LA PRIÈRE

« Priez sans cesse. »

—1 THESSALONICIENS
5:17

« Faites en tout temps par l'Esprit toutes sortes de prières et de supplications. Veillez à cela avec une entière persévérance, et priez pour tous les saints. »

— ÉPHÉSIENS 6:18

*« Ne vous inquiétez de rien ;
mais en toute chose faites
connaître vos besoins à
Dieu par des prières et
des supplications, avec
des actions de grâce. Et la
paix de Dieu, qui sur-
passe toute intelligence,
gardera vos cœurs et vos
pensées en Jésus-Christ. »*

— PHILIPPIENS 4:6-7

*« Quand les justes crient,
l'Éternel entend, Et il les
délivre de toutes leurs
détresses. »*

— PSAUME 34:17

*« Demandez, et l'on vous
donnera ; cherchez et
vous trouverez ; frappez
et l'on vous ouvrira »*

— MATTHIEU 7:7

*« Quelqu'un parmi vous est-
il dans la souffrance ?
Qu'il prie. Quelqu'un
est-il dans la joie ? Qu'il
chante des cantiques »*

—JACQUES 5:13

*« Déchargez-vous sur Dieu
de tous vos soucis, car lui-
même prend soin de
vous »*

—1 PIERRE 5:7

« Ne vous inquiétez de rien ;
mais en toute chose faites
connaître vos besoins à
Dieu par des prières »

— PHILIPPIENS 4:6

« Dieu est pour nous un refuge et un appui, Un se-
cours qui ne manque
jamais dans la détresse.
C'est pourquoi nous
sommes sans crainte
quand la terre est boule-
versée, Et que les mon-
tagnes chancellent au
cœur des mers »

— PSAUME 46:2-3

« *Si quelqu'un d'entre vous manque de sagesse, qu'il l'a demande à Dieu, qui donne à tous simplement et sans reproche, et elle lui sera donnée* »

—JACQUES 1:5

« *Si nous confessons nos péchés, il est fidèle et juste pour nous les pardonner, et pour nous purifier de toute iniquité* »

—1 JEAN 1:9

<blockquote>

« Mais quand tu pries, entre dans ta chambre, ferme ta porte, et prie ton Père qui est là dans le lieu secret ; et ton Père, qui voit dans le secret, te le rendra »

— MATTHIEU 6:6

</blockquote>

La prière est considérée comme essentielle pour les chrétiens. Elle est un moyen de communiquer avec Dieu, d'exprimer notre adoration, de lui présenter nos besoins, de demander son pardon, de chercher sa direction et de lui offrir notre gratitude.

Jésus-Christ lui-même a montré l'importance de la prière pendant son ministère terrestre. Il a souvent retiré du temps pour prier, enseignant également à ses disciples comment prier et leur donnant le modèle de prière connu sous le nom du

« Notre Père » :

> « [9] *Voici donc comment vous
> devez prier : Notre Père
> qui es aux cieux ! Que ton
> nom soit sanctifié ;*
> [10] *que ton règne vienne ; que
> ta volonté soit faite sur la
> terre comme au ciel.*
> [11] *Donne-nous aujourd'hui
> notre pain quotidien ;*
> [12] *pardonne-nous nos of-
> fenses, comme nous aussi
> nous pardonnons à ceux
> qui nous ont offensés ;*
> [13] *ne nous induis pas en ten-
> tation, mais délivre-nous
> du malin. Car c'est à toi
> qu'appartiennent, dans
> tous les siècles, le règne,
> la puissance et la gloire.
> Amen !* »

> — MATTHIEU 6:9-13

La Bible encourage ainsi les croyants à prier constamment et dans toutes les circonstances (1 Thessaloniciens 5:17, Éphésiens 6:18) car Dieu est accessible et attentif aux prières de ses enfants, IL « entend les justes qui crient, et il les délivre de toutes leurs détresses » (Psaume 34:17).

La prière, lorsqu'elle est pratiquée avec sincérité, est bénéfique en tout. Si vous êtes persévérant dans votre pratique, Dieu répondra à vos demandes. « Demandez, et l'on vous donnera ; cherchez et vous trouverez ; frappez et l'on vous ouvrira » (Matthieu 7:7) peut-on lire dans l'évangile selon Matthieu. En outre, la prière ne doit pas être uniquement destinée à l'expression de requêtes. Elle permet aussi et surtout de renforcer votre lien avec Dieu et doit être pratiquée aussi intensément dans les moments de souffrance que dans les moments de joie : « Quelqu'un parmi vous est-il dans la souffrance ? Qu'il prie. Quelqu'un est-il

dans la joie ? Qu'il chante des cantiques »
(Jacques 5:13).

Les effets positifs de la prière sont re-
marquables, tant sur le plan spirituel et
psychologique que sur le plan physique.
Elle vous apporte :

- La paix intérieure et la
  tranquillité d'esprit
  (Philippiens 4:6)
- Le soulagement des
  inquiétudes (1 Pierre 5:7)
- La force et le réconfort en
  période de difficultés (Psaume
  46:2-3)
- La sagesse (Jacques 1:5)
- Le pardon des péchés (1 Jean
  1:9)
- L'intimité avec Dieu (Matthieu
  6:6)

Sur les bienfaits physiques de la prière,
Alexis Carrel, prix Nobel de médecine en

1912, publia un ouvrage de référence dans lequel il souligne avec justesse que « le calme engendré par la prière est une aide puissante à la thérapeutique ». Ses observations sur le pouvoir de la prière furent faites en grande partie après avoir étudié, au sein du bureau médical de Lourdes, les guérisons des malades venus en pèlerinage. Dans cet ouvrage, il écrit ainsi :

> « On dirait que dans la profondeur de la conscience une flamme s'allume. (...) Ainsi s'ouvre devant lui le royaume de la Grâce... Peu à peu, il se produit un apaisement intérieur, une harmonie des activités nerveuses et morales, une plus grande endurance à l'égard de la pauvreté, de la calomnie, des soucis, la capacité de supporter sans faiblir la perte des siens, la douleur, la maladie, la mort. Aussi le médecin qui voit un malade se mettre à prier peut-il se réjouir. »

— A. CARREL, LA PRIÈRE,
1944.

Dans un monde qui n'a de cesse de multiplier les sources d'inquiétudes, la prière, pratique essentielle pour tout bon chrétien, possède donc, sans contestation possible, des vertus bienfaisantes pour l'esprit et le corps. Elle est fondamentale puisqu'elle favorise l'intimité avec Dieu, renforce la relation avec lui, apporte guidance et réconfort en vous permettant d'obtenir des réponses à vos questions et du soutien dans les moments difficiles de la vie.

GLORIA IN EXCELSIS DEO
ET IN TERRA PAX HOMINIBVS BONÆ VOLVNTATIS

LA FOI

« *Jésus prit la parole, et leur
dit : Ayez foi en Dieu.* »

— MARC 11:22

« *Or la foi est une ferme assurance des choses qu'on
espère, une démonstra-
tion de celles qu'on ne
voit pas.* »

— HÉBREUX 11:1

*« Ainsi la foi vient de ce
qu'on entend, et ce qu'on
entend vient de la parole
de Christ. »*

—ROMAINS 10:17

*« Car c'est par la grâce que
vous êtes sauvés, par le
moyen de la foi. Et cela
ne vient pas de vous, c'est
le don de Dieu. »*

—ÉPHÉSIENS 2:8

*« Car nous marchons par la
foi et non par la vue. »*

—2 CORINTHIENS 5:7

« Pourquoi t'abats-tu, mon âme, et gémis-tu au dedans de moi ? Espère en Dieu, car je le louerai encore ; Il est mon salut et mon Dieu. »

— PSAUME 42:12

« Or sans la foi il est impossible de lui être agréable ; car il faut que celui qui s'approche de Dieu croie que Dieu existe, et qu'il est le rémunérateur de ceux qui le cherchent. »

— HÉBREUX 11:6

« Approchez-vous de Dieu, et
il s'approchera de vous.
Nettoyez vos mains, pé-
cheurs ; purifiez vos
cœurs, hommes
irrésolus. »

—JACQUES 4:8

« Tout ce que vous deman-
derez avec foi par la
prière, vous le recevrez »

—MATTHIEU 21:22

« Prenez par-dessus tout cela
le bouclier de la foi, avec
lequel vous pourrez
éteindre tous les traits
enflammés du malin »

—ÉPHÉSIENS 6:16

La Bible invite tous les croyants à placer leur foi en Dieu. Dans l'évangile de Marc, après avoir maudit un figuier qui s'en trouva asséché dès le lendemain, Jésus exhorte ses disciples à avoir une foi profonde et confiante en Dieu. Lorsqu'il prononce ces paroles, il ajoute :

> *« 23 Je vous le dis en vérité, si quelqu'un dit à cette montagne : Ôte-toi de là et jette-toi dans la mer, et s'il ne doute point en son cœur, mais croit que ce qu'il dit arrive, il le verra s'accomplir.*
>
> *24 C'est pourquoi je vous dis : Tout ce que vous demanderez en priant, croyez que vous l'avez reçu, et vous le verrez s'accomplir. »*

La foi est en effet essentielle pour expérimenter les miracles et les bénédictions divines. Elle implique une confiance absolue dans le Seigneur qui seul a le pouvoir de répondre à vos prières et d'exaucer vos vœux. Et, même si les promesses de Dieu ne sont pas encore perceptibles, la foi reste « une ferme assurance des choses qu'on espère, une démonstration de celles qu'on ne voit pas » (Hébreux 11:1). Elle permet ainsi d'espérer en Dieu.

Cette foi s'entretient quotidiennement. Elle est avant toute chose conditionnée par une bonne réception de la parole du Christ. Il faut donc que les croyants prennent le temps d'écouter la Parole de Dieu, de méditer son message, car c'est l'instrument par lequel la foi peut se nourrir et grandir. Elle « vient de ce qu'on entend, et ce qu'on entend vient de la parole de Christ » (Romains 10:17)

Comme il est dit dans le Nouveau Testament (Éphésiens 2:8), La foi est le moyen par lequel nous recevons et acceptons la grâce de Dieu. C'est par notre confiance en Jésus-Christ, en son sacrifice expiatoire et en son œuvre salvatrice que nous sommes sauvés. Il faut donc croire en Dieu et accepter son salut par la foi.

Cette foi guide en toutes circonstance la marche du chrétien qui ne doit pas uniquement se fier à ce qu'il perçoit ou à ce qu'il est en mesure de comprendre par son seul raisonnement car, comme il est écrit dans le second épître aux Corinthiens, chapitre 5, verset 7, « nous marchons par la foi, et non par la vue. »

Il n'est pourtant pas toujours simple de garder la foi. Dans un monde tel que celui dans lequel nous vivons désormais, un monde au sein duquel le péché s'est répandu comme la pourriture dans un fruit abimé, il est facile de douter. La corruption, les catastrophes ou les guerres sont autant d'obstacles à votre croyance et peuvent parfois vous donner la sensation de perdre la foi. Pourtant, lorsque vous vous sentez abattu(e), il faut garder espoir en Dieu puisqu'IL est votre salut (Psaume 42:12) et qu'IL est digne d'être loué, même dans les moments de découragement.

Dieu est toujours à vos côtés, quelles que soient les circonstances, à chaque instant, en chaque lieu. Et la foi est essentielle dans la relation que vous entretenez avec lui car IL est « le rémunérateur de ceux qui le cherchent » (Hébreux 11:6), ce qui signifie qu'IL récompense ceux qui croient en lui et possèdent la foi. Et comme il écrit dans l'évangile selon Matthieu « Tout ce que vous demanderez avec foi par la prière, vous le recevrez » (21:22).

La foi est aussi une armure spirituelle, un véritable « bouclier » face aux attaques trompeuses et nuisibles que Satan, « le malin » lance contre les croyants pour les éloigner de leur foi et semer la confusion dans leur esprit (Éphésiens 6:16). Mais si vous venez à douter de l'existence du Seigneur, « approchez-vous de Dieu, et il s'approchera de vous » (Jacques 4:8), même si votre foi est faible. La Bible est ici un outil fort utile. Sa lecture vous permettra de vous immerger dans la Parole de Dieu et de vous engager dans une recherche active de sa présence. La foi peut fluctuer dans la vie chrétienne, mais la grâce de Dieu est toujours disponible pour vous ramener à lui et vous renouveler spirituellement.

LA VIE APRÈS LA MORT

« Car Dieu a tant aimé le monde qu'il a donné son Fils unique, afin que quiconque croit en lui ne périsse point, mais qu'il ait la vie éternelle. »

—JEAN 3:16

*« Jésus lui dit : Je suis la ré-
surrection et la vie. Celui
qui croit en moi vivra,
quand même il serait
mort ; et quiconque vit et
croit en moi ne mourra
jamais. Crois-tu cela ? »*

—JEAN 11:25-26

*« Car, de même que tous
meurent en Adam, de
même aussi tous revi-
vront en Christ. »*

—1 CORINTHIENS
15:22

« Et je vis les morts, les grands et les petits, qui se tenaient devant le trône. Des livres furent ouverts. Et un autre livre fut ouvert, celui qui est le livre de vie. Et les morts furent jugés selon leurs œuvres, d'après ce qui était écrit dans ces livres. »

— APOCALYPSE 20:12

« Et ceux-ci iront au châtiment éternel, mais les justes à la vie éternelle. »

— MATTHIEU 25:46

*« Si ta main est pour toi une
occasion de chute, coupe-
la ; mieux vaut pour toi
entrer manchot dans la
vie, que d'avoir les deux
mains et d'aller dans la
géhenne, dans le feu qui
ne s'éteint point »*

— MARC 9:43-44

*« Que celui qui a des oreilles
entende ce que l'Esprit
dit aux Églises : À celui
qui vaincra je donnerai à
manger de l'arbre de vie,
qui est dans le paradis de
Dieu. »*

— APOCALYPSE 2:7

*« Car le salaire du péché,
c'est la mort ; mais le don
gratuit de Dieu, c'est la
vie éternelle en Jésus-
Christ notre Seigneur. »*

—ROMAINS 6:23

*« Je vous ai écrit ces choses,
afin que vous sachiez que
vous avez la vie éternelle,
vous qui croyez au nom
du Fils de Dieu. »*

—1 JEAN 5:13

Pour les croyants, la Bible enseigne la promesse de la vie éternelle car celui qui croit en Dieu vivra, même lorsqu'il sera mort (Jean 11:25-26). Les fidèles qui placent leur confiance en Dieu et en son Fils Jésus-Christ ne périront point (Jean 3:16 - 1 Jean 5:13) « car de même que tous meurent en Adam, de même aussi tous revivront en Christ » (1 Corinthiens 15:22). Ce dernier verset est issu du Nouveau Testament. Paul y fait une comparaison importante entre Adam et Jésus-Christ. Par leur descendance, les êtres humains sont liés à Adam et partagent ainsi sa nature pécheresse et mortelle. Tous meurent physiquement, car le péché a entraîné la mort dans le monde. Mais grâce à leur foi, ces êtres humains revivront en Christ.

La vie après la mort implique aussi le Jugement final où chaque personne doit rendre compte de ses actes devant Dieu, jugement durant lequel les morts seront « jugés selon leurs œuvres » tel qu'il est écrit dans le livre de l'Apocalypse (20:12). Les justes seront ainsi récompensés du Ciel et les méchants iront en Enfer (Matthieu 25:46). C'est pourquoi il est important de vivre une vie en accord avec la volonté de Dieu et qu'il est préférable de se couper la main plutôt que de prendre le risque d'être « jeté dans la géhenne », une vallée près de Jérusalem « où le feu ne s'éteint point » (Marc 9:43-44). À l'inverse, Dieu réserve le Paradis, lieu de gloire et de félicité, à ceux qui lui sont fidèles et persévèrent dans la foi. À ceux-là, le Seigneur fait un « don gratuit » (Romains 6:23), celui de la vie éternelle, et leur donnera « à manger de l'arbre de vie, qui est dans le paradis de Dieu » (Apocalypse 2:7).

L'AMOUR

« *C'est un amour fort comme la mort, un amour implacable comme le séjour des morts ; ses ardeurs sont des ardeurs de feu, une flamme de l'Éternel.* »

— CANTIQUE DES CANTIQUES 8:6

*« Mais moi, je vous dis :
Aimez vos ennemis, bé-
nissez ceux qui vous
maudissent, faites du
bien à ceux qui vous
haïssent, et priez pour
ceux qui vous maltraitent
et qui vous persécutent »*

— MATTHIEU 5:44

*« Maris, aimez vos femmes,
comme Christ a aimé
l'Église, et s'est livré lui-
même pour elle. »*

— ÉPHÉSIENS 5:25

*« Femmes, soyez soumises à
vos maris, comme il
convient dans le Sei-
gneur. Maris, aimez vos
femmes, et ne vous ai-
grissez pas contre elles.
Enfants, obéissez en
toutes choses à vos pa-
rents, car cela est
agréable dans le Sei-
gneur. Pères, n'irritez pas
vos enfants, de peur qu'ils
ne se découragent. »*

— COLOSSIENS 3:18-21

« Ayant purifié vos âmes en obéissant à la vérité pour avoir un amour fraternel sincère, aimez-vous ardemment les uns les autres, de tout votre cœur. »

—1 PIERRE 1:22

« L'amour est patient, il est plein de bonté ; l'amour n'est point envieux ; l'amour ne se vante point, il ne s'enfle point d'orgueil. »

—1 CORINTHIENS 13:4

*« Que l'amour soit sans hy-
pocrisie. Ayez le mal en
horreur, attachez-vous
fortement au bien. »*

—ROMAINS 12:9

*« Et maintenant ces trois
choses demeurent : la foi,
l'espérance, l'amour ;
mais la plus grande de
ces choses, c'est
l'amour. »*

—1 CORINTHIENS 13:13

*« Et par-dessus toutes ces
choses, revêtez-vous de
l'amour, qui est le lien de
la perfection. »*

—COLOSSIENS 3:14

L'amour est un trait caractéristique de la vie chrétienne. C'est une force positive que partagent les croyants, une force puissante et inextinguible qui ne peut être ni éteinte ni vaincue, symbolisant ainsi la nature profonde et inébranlable de l'amour véritable (Cantique des cantiques 8:6).

Cet amour possède différents aspects et concerne l'amour de Dieu pour l'humanité, l'amour que les croyants ont pour Dieu, mais aussi celui qu'ils ressentent envers les autres.

En premier lieu, la Bible nous enseigne que Dieu est amour (1 Jean 4:8) et qu'IL aime toute l'humanité de manière inconditionnelle. Son amour est miséricordieux, compatissant et éternel. L'un des versets les plus célèbres de la Bible exprimant cet amour est Jean 3:16 : « Car Dieu a tant aimé le monde qu'il a donné son Fils unique, afin que quiconque croit en lui ne périsse pas, mais qu'il ait la vie éternelle. »

En retour, la Bible encourage les croyants à aimer Dieu de tout leur cœur, de toute leur âme et de toute leur pensée (Matthieu 22:37). Cela signifie avoir une relation d'amour, d'obéissance et de confiance en Dieu.

Mais cet amour serait incomplet s'il ne s'exprimait pas aussi envers les autres, que ceux-ci soient à l'intérieur de votre cercle familial, ou à l'extérieur. La Bible exhorte ainsi à aimer son prochain comme soi-même (Matthieu 22:39). Cela inclut non seulement ceux que nous trouvons faciles à aimer, mais aussi nos ennemis, car Jésus a enseigné l'amour, même pour ceux qui nous blessent (Matthieu 5:44).

Bien évidemment, c'est au sein de chaque famille que cet amour s'exprime en premier, au sein du couple par exemple lorsque la Bible souligne l'importance de l'engagement, du respect mutuel et de la fidélité (Éphésiens 5:25). De même, l'amour entre parents et enfants est également encouragé. La Bible présente d'ailleurs la famille comme un don de Dieu, une institution créée et bénie par lui. C'est un cadre important où l'amour, le respect mutuel, l'éducation et la transmission des valeurs spirituelles doivent être valorisés. Chaque membre d'une famille doit ainsi se comporter d'une manière qui honore Dieu, comme il est écrit dans Colossiens 3:18-21.

L'amour fraternel dans la communauté des croyants est également souvent cité dans la Bible, les chrétiens étant encouragés à s'aimer les uns les autres comme une famille spirituelle (1 Pierre 1:22) dont les membres sont solidaires et se soutiennent mutuellement lorsque le besoin s'en fait ressentir.

Qu'il soit question de l'amour que les fidèles sont invités à porter à Dieu ou aux autres, cet amour se caractérise en toutes circonstances par sa bonté (1 Corinthiens 13:4), sa sincérité (Romains 12:9) et sa grandeur (1 Corinthiens 13:13), une grandeur qui surpasse tout, y compris la foi elle-même. L'amour est une qualité suprême, une qualité qui unit toutes les autres vertus dans une harmonie parfaite, un « lien de perfection » comme indiqué par l'apôtre Paul dans l'épître aux Colossiens (3:14). C'est l'amour qui donne un sens et une force aux actions des croyants et qui leur permet de vivre en unité et en paix.

LA JUSTICE

« Car l'Éternel aime la justice, Et il n'abandonne pas ses fidèles ; Ils sont toujours sous sa garde, Mais la postérité des méchants est retranchée. »

— PSAUME 37:28

« Apprenez à faire le bien,
recherchez la justice, pro-
tégez l'opprimé ; faites
droit à l'orphelin, dé-
fendez la cause de la
veuve. »

— ÉSAÏE 1:17

« Heureux ceux qui ont faim
et soif de la justice, car ils
seront rassasiés »

— MATTHIEU 5:6

« Quand la justice se fait,
c'est une joie pour les
justes, Mais c'est une
ruine pour ceux qui font
le mal. »

— PROVERBES 21:15

*« Ne vous vengez point vous-
mêmes, bien-aimés, mais
laissez agir la colère ; car
il est écrit : À moi la vengeance, à moi la rétribu-
tion, dit le Seigneur. »*

— ROMAINS 12:19

*« Ne t'irrite pas à cause de
ceux qui font le mal,
N'envie pas ceux qui pra-
tiquent l'iniquité ; Car ils
seront bientôt coupés
comme l'herbe, Et ils se
faneront comme le gazon
vert. »*

— PSAUME 37:1-2

*« Mais que le droit coule
comme l'eau, et la justice
comme un torrent inta-
rissable. »*

— AMOS 5:24

*« Nulle créature n'est cachée
devant lui, mais tout est
à nu et à découvert aux
yeux de celui à qui nous
devons rendre compte. »*

— HÉBREUX 4:13

*« Car il vient pour juger la
terre ; IL jugera le monde
avec justice, Et les
peuples avec équité. »*

— PSAUME 98:9

*« Tu ne commettras point
d'iniquité dans tes juge-
ments : tu n'auras point
égard à la personne du
pauvre, et tu ne favori-
seras point la personne
du grand, mais tu jugeras
ton prochain selon la
justice. »*

— LÉVITIQUE 19:15

*« Lorsque des hommes, ayant
entre eux une querelle, se
présenteront en justice
pour être jugés, on ab-
soudra l'innocent, et l'on
condamnera le
coupable. »*

— DEUTÉRONOME 25:1

> *« Cherchez premièrement le royaume et la justice de Dieu ; et toutes ces choses vous seront données par-dessus. »*
>
> — MATTHIEU 6:33

L a justice est un principe important dans les enseignements bibliques. Ce thème est d'ailleurs abordé à de nombreuses reprises dans ses textes.

La justice est importante aux yeux de Dieu, c'est un principe divin car « l'Éternel aime la justice » (Psaume 37:28). Dieu récompense ainsi les justes et exige de ses fidèles qu'ils mettent en pratique cette justice dans leur quotidien. Ils doivent apprendre à faire le bien, défendre l'opprimé et rechercher la justice (Ésaïe 1:17). « Ceux qui ont faim et soif de la justice », c'est-à-dire ceux qui ont un désir ardent de vivre une vie juste et droite aux yeux de Dieu, seront récompensés ; ils « seront rassasiés » (Matthieu 5:6). À l'inverse, ce sera « une ruine pour ceux qui font le mal » (Proverbes 21:15) car Dieu les punira et sous l'effet de sa « vengeance » (Romains 12:19) « ils seront bientôt coupés comme l'herbe, Et ils se faneront comme le gazon vert » (Psaume 37:1-2).

Dieu est le juge suprême, il est celui auquel chacun de nous doit « rendre compte » (Hébreux 4:13). En tant que juge qui vient pour juger « le monde avec justice » et « les peuples avec équité » (Psaume 98:9), il fait couler « le droit comme l'eau, et la justice comme un torrent intarissable » (Amos 5:24), signifiant ainsi qu'il aspire à ce que la justice soit continue, inépuisable et forte comme un torrent qui ne s'assèche jamais.

La Bible exhorte donc les croyants à imiter la justice de Dieu en ne commettant point d'iniquité dans leurs jugements (Lévitique 19:15) et en se comportant de façon droite parce que le jour du jugement dernier, Dieu absoudra l'innocent, et condamnera le coupable (Deutéronome 25:1). Les fidèles, dans leur quotidien, doivent chercher « premièrement le royaume et la justice de Dieu » (Matthieu 6:33), c'est-à-dire vivre selon ses principes en marchant toujours dans l'intégrité, afin que que toutes ces choses leur soient « données par-dessus », pour qu'il nous accorde sa grâce et ses bénédictions.

LA FAMILLE

« Si quelqu'un n'a pas soin des siens, et principalement de ceux de sa famille, il a renié la foi, et il est pire qu'un infidèle. »

—1 TIMOTHÉE 5:8

« *C'est pourquoi l'homme
quittera son père et sa
mère, et s'attachera à sa
femme, et ils deviendront
une seule chair.* »

— GENÈSE 2:24

« *Voici, des fils sont un héri-
tage de l'Éternel, Le fruit
des entrailles est une récompense.* »

— PSAUMES 127.3

« *Instruis l'enfant selon la
voie qu'il doit suivre ; Et
quand il sera vieux, il ne
s'en détournera pas.* »

— PROVERBES 22:6

« Pères, n'irritez pas vos enfants, mais élevez-les en
les corrigeant et en les
instruisant selon le
Seigneur. »

—ÉPHÉSIENS 6:4

« Pères, n'irritez pas vos enfants, de peur qu'ils ne se
découragent. »

—COLOSSIENS 3:21

« Le juste marche dans son
intégrité ; Heureux ses
enfants après lui ! »

—PROVERBES 20:7

« *Et ces commandements,
que je te donne aujourd'-
hui, seront dans ton
cœur. Tu les inculqueras
à tes enfants, et tu en
parleras quand tu seras
dans ta maison, quand tu
iras en voyage, quand tu
te coucheras et quand tu
te lèveras.* »

— DEUTÉRONOME
6:6-7

« *Car Dieu a dit : Honore ton
père et ta mère ; et : Celui
qui maudira son père ou
sa mère sera puni de
mort.* »

— MATTHIEU 15:4

« Honore ton père et ta mère,
afin que tes jours se pro-
longent dans le pays que
l'Éternel, ton Dieu, te
donne. »

— EXODE 20:12

« Tu connais les commandements : Tu ne commettras
point d'adultère ; tu ne
tueras point ; tu ne déro-
beras point ; tu ne diras
point de faux témoi-
gnage ; tu ne feras tort à
personne ; honore ton
père et ta mère. »

— MARC 10:19

> « *Les enfants des enfants sont
> la couronne des
> vieillards, et les pères sont
> la gloire de leurs
> enfants.* »

— PROVERBES 17:6

L a notion de famille, associée aux devoirs et aux principes moraux qui lui incombent, tient une place importante dans la Bible. Elle est considérée, à juste titre, comme un pilier fondamental de la société et joue un rôle crucial dans l'éducation et le développement spirituel des individus. Saint Jean Chrysostome disait d'ailleurs que « *la famille est une petite église domestique* », une église dont il faut prendre soin, au risque d'être qualifié d'infidèle (1 Timothée 5:8).

Les enseignements de la Bible à ce sujet portent sur différents aspects comme l'institution du mariage, les devoirs conjugaux, la parentalité et le respect que l'on doit à ses aînés, à ses parents en particulier.

Le mariage est par exemple évoqué dans le livre de la Genèse (2:24). Ce verset enseigne que lorsqu'un homme et une femme se marient, ils quittent leur famille d'origine, leur « père » et leur « mère », et forment une nouvelle unité familiale distincte, ce qui implique un changement de priorités et de responsabilités. Les époux sont ici appelés à « s'attacher » l'un à l'autre, c'est-à-dire à se soutenir mutuellement et à rester unis dans les épreuves et les joies de la vie. Ils deviennent ainsi « une seule chair », un corps distinct uni tant sur le plan physique que sur le plan émotionnel et spirituel. Il est donc ici question d'engagement et d'unité dans le mariage.

Être en couple est la première étape pour fonder une famille. Le seconde consiste à avoir des enfants. Ceux-ci sont perçus comme un véritable trésor, un don de Dieu (Psaumes 127.3). Mais encore faut-il être en capacité de les éduquer dans la voie du Seigneur, chose à laquelle la Bible invite ardemment tous les fidèles. Les parents ont ainsi le devoir d'instruire « l'enfant selon la voie qu'il doit suivre », de façon à ce qu'il ne s'en détourne jamais en vieillissant (Proverbes 22:6).

En second lieu, la Bible encourage les parents à faire preuve d'amour et de patience. Il n'est point nécessaire de les irriter (Éphésiens 6:4). Votre patience et votre amour sont essentiels pour maintenir une bonne relation avec vos enfants et leur offrir ainsi un environnement positif dans lequel grandir de bonne manière et cela sans prendre le risque de les décourager (Colossiens 3:21). Bien grandir n'est pas chose facile et votre rôle de parent est d'être aux côtés de vos enfants afin de les encourager, de jours en jours, à découvrir le meilleur d'eux-mêmes.

À l'égard de leurs enfants, il est conseillé aux parents de toujours s'efforcer de donner le bon exemple et d'avoir, au quotidien, une conduite de vie qui respecte les principes bibliques. Comme il est dit dans Proverbes 20:7, « Le juste marche dans son intégrité ; Heureux ses enfants après lui ! ». Si vous êtes exemplaires, votre comportement sera une source d'inspiration pour vos enfants et les incitera à rester dans la droiture. Dans le cas inverse, des parents irrespectueux des principes et des valeurs de la Bible, auront forcément plus de mal à corriger leurs enfants lorsque cela sera nécessaire. Il faut en ce sens faire preuve d'exemplarité et chercher sans cesse à leur inculquer les commandements de la bible (Deutéronome 6:6-7).

Dans ces commandements apparaît l'honneur qui doit être adressé aux parents, et par extension aux aînés. « Honore ton père et ta mère » peut-on ainsi lire à de nombreuses reprises dans la Bible (Matthieu 15:4 - Exode 20:12 - Marc 10:19). Cette transmission des valeurs et ce respect mutuel doivent pouvoir se transmettre de générations en générations, créant ainsi une sorte de cercle vertueux dans lequel les parents chérissent leurs enfants, ceux-ci honorent leur père et leur mère, et lorsque les parents deviennent grands-parents, ils considèrent leurs petits-enfants comme une « couronne », véritable source de joie et de fierté (Proverbes 17:6).

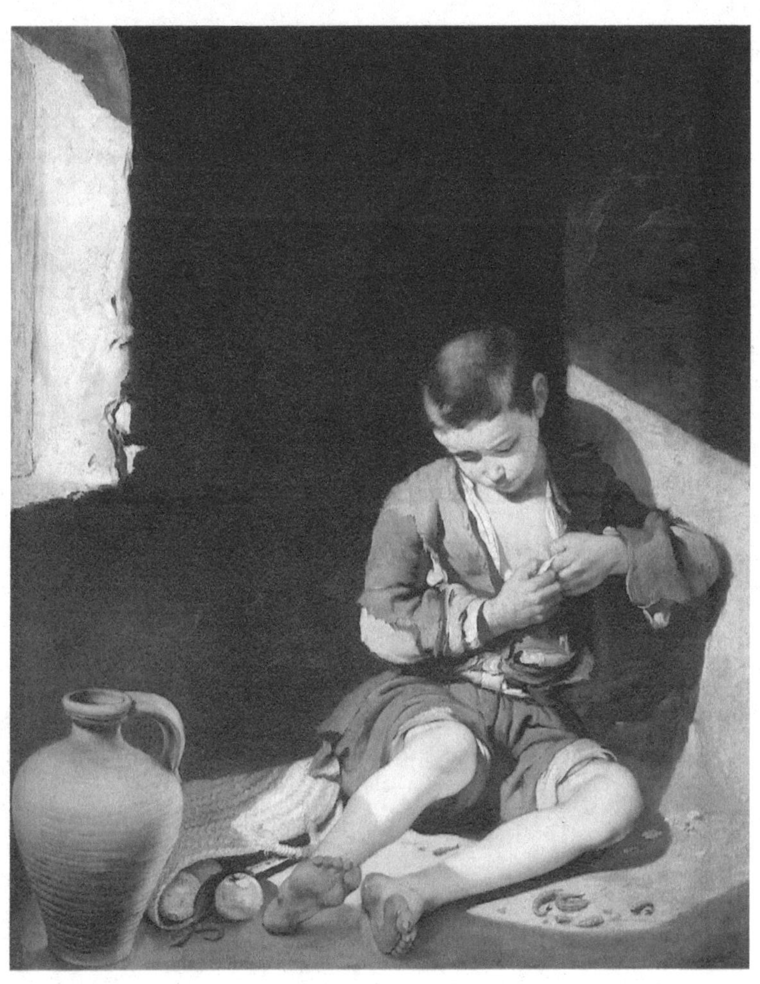

LE PARTAGE

« *Celui qui a pitié du pauvre prête à l'Éternel, Qui lui rendra selon son oeuvre.* »

— PROVERBES 19:17

« *Si tu veux être parfait, va, vends ce que tu possèdes, donne-le aux pauvres, et tu auras un trésor dans les cieux. Puis viens, et suis-moi.* »

— MATTHIEU 19:21

« *Je vous ai montré de toutes manières que c'est en travaillant ainsi qu'il faut soutenir les faibles, et se rappeler les paroles du Seigneur, qui a dit lui-même : Il y a plus de bonheur à donner qu'à recevoir.* »

— ACTES 20:35

« *Sachez-le, celui qui sème
peu moissonnera peu, et
celui qui sème abondam-
ment moissonnera abon-
damment. Que chacun
donne comme il l'a résolu
en son cœur, sans tristesse
ni contrainte ; car Dieu
aime celui qui donne
avec joie.* »

— 2 CORINTHIENS
9:6-7

« Recommande aux riches du présent siècle de ne pas être orgueilleux, et de ne pas mettre leur espérance dans des richesses incertaines, mais de la mettre en Dieu, qui nous donne avec abondance toutes choses pour que nous en jouissions. Recommande-leur de faire du bien, d'être riches en bonnes œuvres, d'avoir de la libéralité, de la générosité. »

— 1 TIMOTHÉE 6:17-18

« L'âme bienfaisante sera rassasiée, Et celui qui arrose sera lui-même arrosé. »

— PROVERBES 11:25

« Donnez, et il vous sera don-
né : on versera dans votre
sein une bonne mesure,
serrée, secouée et qui dé-
borde ; car on vous mesu-
rera avec la mesure dont
vous vous serez servis. »

—LUC 6:38

« Donne-lui, et que ton
cœur ne lui donne point
à regret ; car, à cause de
cela, l'Éternel, ton Dieu,
te bénira dans tous tes
travaux et dans toutes
tes entreprises. Il y aura
toujours des indigents
dans le pays ; c'est pour-
quoi je te donne ce com-
mandement : Tu
ouvriras ta main à ton
frère, au pauvre et à

— DEUTÉRONOME
15:10-11

Le partage est une vertu essentielle dans la vie chrétienne. La Bible encourage les croyants à être généreux, à partager leurs biens matériels et à aider ceux qui sont dans le besoin. Le partage est présenté comme un acte d'amour, de compassion et d'obéissance envers Dieu et envers les autres membres de la communauté. Il faut donc apprendre à partager avec les autres, y compris au-delà de son cercle familial, et plus particulièrement avec ceux qui sont dans le besoin.

Plusieurs passages de la Bible soulignent l'importance de prendre soin des pauvres et des nécessiteux, de montrer de la compassion envers eux et d'agir ainsi avec miséricorde envers les moins fortunés, car « Celui qui a pitié du pauvre prête à l'Éternel, Qui lui rendra selon son œuvre » (Proverbes 19:17). En donnant de votre propre richesse à ceux qui en ont besoin, c'est un « trésor dans les cieux » qui vous attendra (Matthieu 19:21).

Donner est un acte d'amour, et c'est ainsi qu'en retour, il procure du bonheur, comme le souligne avec justesse l'apôtre Paul lorsqu'il explique qu'il y a « plus de bonheur à donner qu'à recevoir » (Actes 20:35). Il faut donc donner de bon cœur, « sans tristesse ni contrainte ; car Dieu aime celui qui donne avec joie » (2 Corinthiens 9:6-7).

Être riche sur le plan matériel n'est en revanche pas valorisé. L'argent est même perçu comme la source de bien de nombreux problèmes en ce monde : « L'amour de l'argent est une racine de tous les maux ; et quelques-uns, en étant possédés, se sont égarés loin de la foi, et se sont jetés eux-mêmes dans bien des tourments » (1 Timothée 6:10). Face à cela, l'apôtre Paul encourage à tout partager. Il recommande « aux riches du présent siècle de ne pas être orgueilleux, et de ne pas mettre leur espérance dans des richesses incertaines, mais de la mettre en Dieu, qui nous donne avec abondance toutes choses pour que nous en jouissions ». Il leur recommande ainsi « de faire du bien, d'être riches en bonnes œuvres, d'avoir de la libéralité, de la générosité » (1 Timothée 6:17-18).

Cette générosité qui caractérise la vie chrétienne est abordée à plusieurs reprises dans la Bible. Celui qui donne sans réserve sera « rassasié » (Proverbes 11:25), car si « vous donnez, il vous sera donné » (Luc 6:38).

Dans le Deutéronome (15:10-11), le partage apparaît même sous la forme d'une loi donnée par Moïse au peuple d'Israël avant leur entrée dans la terre promise : « Donne-lui, et que ton cœur ne lui donne point à regret (...) Il y aura toujours des pauvres dans le pays ; c'est pourquoi je te donne ce commandement : Tu ouvriras ta main à ton frère, au pauvre et à l'indigent dans ton pays. »

En résumé, la Bible encourage les croyants à semer des actes de bienveillance et de partage, en reconnaissant que Dieu lui-même est généreux envers eux et qu'ils doivent refléter cette générosité envers les autres.

LA SAGESSE

« Heureux l'homme qui a trouvé la sagesse, Et l'homme qui possède l'intelligence ! Car le gain qu'elle procure est préférable à celui de l'argent, Et le profit qu'on en tire vaut mieux que l'or ; Elle est plus précieuse que les perles, Tout ce que tu pourrais désirer ne la vaut pas. Dans sa main

*droite est une longue vie ;
Dans sa main gauche, la
richesse et la gloire. Ses
voies sont des voies
agréables, Et tous ses sentiers sont paisibles. »*

— PROVERBES 3:13-18

*« La sagesse d'en haut est
premièrement pure, en-
suite pacifique, modérée,
conciliante, pleine de miséricorde et de bons fruits,
exempte de duplicité,
d'hypocrisie. »*

—JACQUES 3:17

« Car l'Éternel donne la sa-
gesse ; De sa bouche
sortent la connaissance et
l'intelligence ; Il tient en
réserve le salut pour les
hommes droits, Un bou-
clier pour ceux qui
marchent dans
l'intégrité. »

— PROVERBES 2:6-7

La Bible encourage les fidèles à rechercher activement la sagesse dans leur vie, car elle apporte une richesse intérieure bien plus précieuse que tout ce que le monde matériel peut offrir. Ainsi, « le gain qu'elle procure est préférable à celui de l'argent, Et le profit qu'on en tire vaut mieux que l'or » (Proverbes 3:13-18).

Cette sagesse est une source de bonheur, de bénédictions et de paix, conduisant ceux qui la suivent sur le chemin d'une vie épanouissante et spirituelle. C'est une vertu hautement désirable, « pleine de miséricorde et de bons fruits » (Jacques 3:17), qui nous est offerte par Dieu, car « l'Éternel donne la sagesse », et « De sa bouche sortent la connaissance et l'intelligence » (Proverbes 2:6-7).

Ceux qui marchent dans l'intégrité, dont la vie guidée par la sagesse est conforme à la parole de Dieu contenue dans la Bible, bénéficient en retour d'une protection divine qui fait office de « bouclier » face aux épreuves.

La sagesse est donc une valeur essentielle. C'est un véritable don de Dieu. Et les fidèles sont encouragés, à travers notamment la lecture de la Bible, à faire de cette sagesse un guide, afin que la Parole de Dieu ait une présence constante et féconde dans tous les aspects de leur existence, de manière à ce que cette parole soit une

lampe à leurs pieds, et une lumière sur
leurs sentiers :

> *« Ta parole est une lampe à*
> *mes pieds, Et une lumière*
> *sur mon sentier. »*

> — PSAUME 119:105

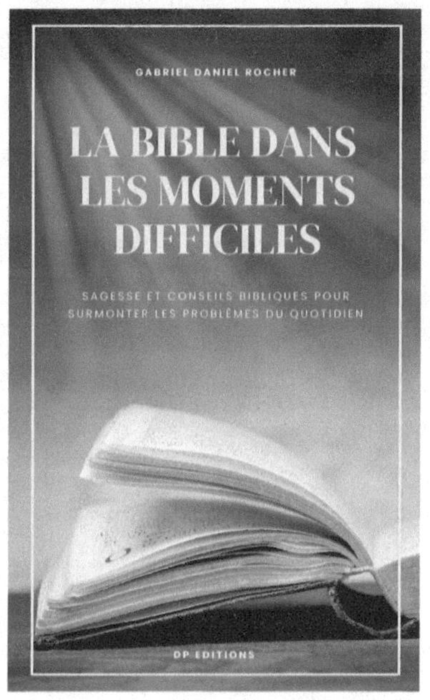

LA BIBLE DANS LES MOMENTS DIFFICILES

Sagesse et conseils bibliques pour surmonter les problèmes du quotidien